Motschi von Richthofen

Zusammengereimte Wirtschaft

tredition GmbH
1. Auflage 2019

Verlag & Druck: tredition GmbH,
Halenreie 40-44,
22359 Hamburg

ISBN: 978-3-7482-9330-9 (Paperback)
ISBN: 978-3-7482-9331-6 (Hardcover)
ISBN: 978-3-7482-9332-3 (e-Book)

Besonnenheit ist die Gemütslage des Menschen in der Überlegung. Wird dieselbe zur Gewohnheit, so erschwert sich die Überlegung fortdauernd. Dabei bedient sich diese der allgemeinen Begriffe, es entstehen Maximen und Grundsätze und aus deren Zusammenstellung eine Sittenlehre.

Adam Smith

Integrität im Business

Ehrenwertes Streben im Beruf
beinhaltet einen inneren Zuruf
den nicht jedermann
auch begreifen kann,
denn es zeugt von nobler Natur
und aufrichtiger Charakterstruktur.

Und man muss auch sagen
dieses Gut in sich zu tragen
ist keinesfalls so leicht
und wird von manchen nie erreicht.
Denn sich Fehler einzugestehen
und sich in die Augen zu sehen
bedarf wohl recht viel Mut
wiederrum ein seltenes Attribut

Vieles hat einen Zeitrahmen
und es sind oft die Damen,
die ihren Mann besser stehen
und den Weg der Wahrheit gehen,
denn Fingerpointing macht keinen Sinn
und ist letztendlich auch kein Gewinn.

Der Mensch per se ist noch nicht weit
in seiner kurzen Evolutionszeit.
Will ja auf seinem Ross sitzen bleiben
und auf seiner Erfolgswelle treiben.

Selbstreflektion nur für die ganz Großen
denn die machen sich nicht gleich in die Hosen,
sondern lernen jeden einzelnen Tag
wachsen und gefestigt stark.

Seinen eigenen Idealen und Werten folgen
und damit die Achtsamkeit verfolgen
ist ein erstrebenswertes Ziel
in jedem Business-Spiel

Opportunitätskosten

Hier steht der Nutzen im Vordergrund
der nicht im Orbit war
oder aber auch zu sehr im Hintergrund
und nicht gleich klar

Vorhandene Möglichkeiten nicht genutzt
Gewinne sind dem Unternehmen entgangen
Qualitäten z.B. nicht ausgenutzt
und somit wurden Erlöse nicht eingefangen

Montagelinie

Step by step der Domino-Effekt
Kommissionier-Wägen hier
Kanban dort
mit Qualitätsaspekt.

Push oder Pull - SAP machts möglich
Taktzeiten werden eingehalten
Arbeitspläne generiert
auch Kaizen ist hier alltäglich.

Just in time für große Teile
Vollauslastung der Mitarbeiter
Jeder Handgriff sitzt
an der Montagemeile.

Baugruppen genau festgelegt
unterschiedliche Varianten
werden vorher eingeplant
Arbeitsanweisungen zurechtgelegt.

Doch mit all der Technik als Hauptakteur
in den Chaku-Chaku Linien
auf die Sekunde genau produziert,
steck immer die Seele vom Monteur.

Work life balance

Arbeit macht Spaß
Leben macht reich

Für seine Familie da sein
Phasen der Erholung haben
ist ein wichtiger Baustein
für die Lebensaufgaben.

Arbeit macht reich
Leben macht frei

Ein dynamisches Gleichgewicht schaffen
zwischen Beruf und Freizeit.
Eine strikte Trennung erschaffen
von Privatleben und Erwerbstätigkeit.

Arbeit macht Spaß
Leben macht reich

Die Rolle des Managements
hier einen guten Konsens zu finden
und mit wegweisenden Statements,
Beruf und Freizeit miteinander zu verbinden.

Arbeit macht reich
Leben macht frei

Lean Management

Werte ohne Verschwendung generieren
mit hoher Kundenorientierung.
Dynamische Prozesse integrieren
mit ständige Verbesserung.

Eigenverantwortung unterstützen
und Nachhaltigkeit umsetzen,
die Wertschöpfungsketten nützen
und richtige Standards setzen.

Überlegenen Produktionssystems herausarbeiten
Schnittstellen genau beschreiben
es in eine schlanke Produktion umarbeiten
und auf der Toyota-Welle treiben.

Automobilindustrie

Mannheim bis nach Pforzheim
dies war ein erster Keim
von Bertha gesät und durchgezogen
hat sie kurzum Stellung bezogen

Die Vision von A nach B zu fahren
hatte eine Revolution erfahren
erst im 19ten Jahrhundert erfunden
gab und gibt es viel zu erkunden

Man konnte sich einfach ins Auto hocken
sogar umweltfreundlich in den Flocken
und flog auf den Straßen entlang
gefolgt vom tosenden Motorengesang

Heutzutage nicht wegzudenken
seinen Weg selbst zu lenken
Die grenzenlose Freiheit
über Raum und Zeit

Milliarden Umsätze werden gemacht
Märkte erschlossen über Nacht
Schotterstraßen werden zu Asphalt
und immer wieder in neuer Gestalt

Jede Marke hat ihren Charakter
mehr oder weniger abstrakter.
Ob Sportwagen oder Limousine

eine kunstvolle Maschine

Von Emission wollen wir nicht reden
wir sind hier nicht im Garten Eden
Familien werden ernährt
Ein jeder damit fährt

Montage-Straßen, Takte
schließen vieler Kontrakte
Lastenheft hier Pflichtenheft dort
ein Kauf und Verkauf immerfort

Intern ein Ideenschmieden
neue Derivate sind entschieden
Und die Faszination bleibt
die Bücher schreibt

Die Schnelligkeit und Straßenlage
genial keine Frage
BMW das Modell der Superlativen
bewegt durch Initiativen

Jedes Fahrzeug begeistert
besonders das den Zeitgeist meistert
Nachhaltigkeit in Fahrt
die gewählte Antriebsart

Freude am Fahren das ist das Ziel
im interaktiven Zusammenspiel.

Investitionen

Milliarden werden freigegeben
Start-ups unterstützt
Millionen dafür gegeben
Patente geschützt.

Mit Weizen wird gehandelt
auf dem Börsenparkett
wenn sich das Wetter wandelt
für viele ein Baronet.

Holdings sind die Meister
auch Fonds stehen ihnen nicht nach
beides ja nur Dienstleister
im kurzfristigen Almanach.

Der Markt ist frei
Rücksichtnahme nicht angesagt
Manipulation ne Spielerei
dem ROI nachgejagt.

Geld erschafft
gibt neue Kraft
mit Nachhaltigkeit
und Gerechtigkeit.

Der Handel von Devisen
Aktien als Option.
Der Reichtum sei gepriesen

die zeitgenössische Mission.

Papiere werden gedruckt
Inflation einkalkuliert
Gewinn wird ausgespuckt
Immer wieder investiert.

Aus einer Milliarde
werden mal schnell zwei
Compliance die Barrikade
Rechtswissen die Arznei.

Akkumulation von Werten
eine materielle Leistung.
Generiert von uns Experten
in eiserner Haltung.

Investment wohl bedacht
wird zur zeitlosen Pracht
bereichert die Welt
mit und ohne Entgelt.

Self Assessment

Wer bin ich,
wie reagiere ich
was kann ich besser machen

Qualitätsmanagement meiner Person
Ich reflektiere mich und stelle Fragen
Höre auf das was andere sagen
und durchleuchte manche Reaktion.

Wo stehe ich,
wann muss ich hinterfragen
wodurch kann ich wachsen

Mitarbeiterführung steht an erster Stelle
Verantwortung gegenüber dem Unternehmen.
Ein Gestalten, ein Geben und ein Nehmen
Ich fungiere als Kommunikationsquelle.

Warum sehe ich,
wen durchleuchte ich
wozu das Ganze frage ich

Für alle das Optimalste erreichen
Auf dem Glückspferd reiten.
Stärken erkennen und leiten
mit dem Stellen der richtigen Weichen.

Deckungsbeitrag

Was trägt das Produkt zum Umsatz bei
Ob eins, ob zwei, ob drei
immer wird was abgezogen
im Rechnungsbogen.

Zuerst sind es nur die fixen Kosten
die auf dem Unternehmen lasten,
dann kommen die Variablen mit drauf
im monetären Geschäftsablauf

Erfolgsermittlung das primäre Ziel
im unternehmerischen Bewertungsspiel
denn wenn ein Produkt nur minus macht
verliert es seine finanzielle Siegesmacht

Für ne Sortimentsentscheidung reicht es nicht
da brauchts vom Marketing das grüne Licht,
aber das Betriebsergebnis wird dargestellt
und Angebotskalkulationen erstellt.

Qualitätskontrolle

Für ISO 9001 das Visum
die Einreiseerlaubnis für's Produkt.
Man kommt auch nicht drum herum
Und wird dann zum Verkauf befugt.

Es werden Werkzeuge entworfen
für Effizienz und Transparenz,
um das Bewusstsein zu schärfen
für die Ware und Qualitätskohärenz.

Nicht zu vergessen sei hier natürlich
für viele ein echter Jammer,
die Wirtschaftsprüferkammer
leider nach HGB 316 unabdinglich.

Der Konzernabschluss und der Lagebericht
werden bis ins Kleinste durchgesehen
und um alle Transaktionen zu verstehen
erhalten die Prüfer überall Einsicht.

Kontrolle auf Schritt und Tritt
und jeder weiß
Qualität hat seinen Preis:

Unternehmensbewertung

Wie steht das Unternehmen da?
Was sagen die Zahlen?
Gibt es einen Markt?

Ob Ertragswertverfahren
oder Discounted Cash-Flow
Ganz gleich welchen Ansatz man wählt
FTE-, APV-, WACC- oder TCF-Ansatz
Es muss eine Bewertung her

Denn es ist das Ziel
Das Unternehmen zu kaufen oder verkaufen.
Oder es an die Börse zu bringen
Oder eine Liquidation
Oder ein Squeeze-out.

Letztlich geht es nur um das Geld,
aber wo bleibt die Gesellschaft dann.
Jedes Unternehmen eine kleine Gemeinschaft
So geht es darum mehr zu bewerten.

Coaching

Ressourcen werden aktiviert
Fähigkeiten intensiviert.

Erfahrungen erneut durchgegangen
Geöffnet für neues Verlangen.

Motive und Ziele herausgekitzelt
Ideen auf Papier gekritzelt.

Entwicklung von Kompetenzen
und der eigenen Präferenzen.

Stärkung der Willenskraft
zur eigenen Meisterschaft.

Coaching zur Leistungssteigerung
für sich als klare Zielsetzung.

Private Equity

Hier spielt man mit der Existenz
ganz anders als beim Venture Capital
hat der Leverage Buy out eine große Präsenz
und man investiert das Kapital
um danach zu verkaufen mit Gewinn.

Man investiert nicht sehr viel
Das Risiko ist sehr klein
Ist eher so wie ein Pokerspiel
Man zieht nur Kohle ein
Das ist der hauptsächliche Sinn.

Controlling

Der Controller organisiert das Berichtswesen
und muss strategisch agieren

Kostenartenrechnung
Kostenstellenrechnung
Kostenträgerrechnung

Break-Even-Analyse
Abweichungsanalyse
Gemeinkostenwertanalyse

Investitionsmanagement
Qualitätsmanagement
Fixkostenmanagement

Der Controller plant die Zukunft des Unternehmens
und muss strategisch agieren.

Absatz

Das Absatzziel ist es
die Absatzchancen zu nutzen
und nicht in ein Absatzdilemma zu fallen
und dadurch einen Absatzeinbruch zu erleiden.

Durch die Absatzplanung
macht man mit Hilfe der Absatzanalyse
eine Evaluierung auf allen Absatzgebieten,
um die Absatzmöglichkeiten auszuschöpfen.

Es gibt auch Absatzbeschränkungen
und dadurch kommt es zur Absatzflaute,
um dem entgegen zu wirken und absatzstärker zu
werden
kann man die Absatzleistungen erhöhen.

Durch den Wandel der Absatzmärkte
verändern sich auch die Absatzwege
und dadurch auch die interne Absatzausrichtung,
um weiterhin absatzorientiert zu bleiben.

Automatisierung

Sie geht weit zurück
bis hin zur Antike
ob Dädalus mit seinem Meisterstück
also gelernt von der Pike

Nicht zu vergessen unser Maler
der in Italien als Erfinder
auch schon dachte globaler
als Grenzen-Überwinder

Dann kamen die Webmaschinen
ein neues Zeitalter brach an
und dann kamen die Platinen
und der Computer war dran

Heute haben wir künstliche Intelligenzen
die unserer Arbeit übernehmen
das hat natürlich Konsequenzen
für die Unternehmen

Erhöhung der Durchsatzleistung
Erhöhung der Produktqualität
Erhöhung der Fertigkeit
Verbesserung der Lebensbedingungen
Verbesserung des Planens
Verbesserung der Prozesse

Gantt Diagramm

Ein Balkenplan
fürs Projektmanagement

Aktivitäten mit Plan
Kritische Pfade dargestellt

Ein Montageplan
Für die Produktionssteuerung

Gleich einem Ablaufplan
mit Ressourcenzuteilung

Mit einem Blick
einen Überblick

Blindbewerbung

Ich sende eine Bewerbung
Ich suche ja eine Anstellung
das Unternehmen find
ich gut
und so ganz blind
mit Mut
geht sie raus
zum Haupthaus

Ich sende eine Bewerbung
und folge meiner Bestrebung
bewegen zu wollen
aktiv zu sein
meinen Respekt zu zollen
ins Blinde hinein
mit „was hab ich drauf"
durch meinen Lebenslauf

Gesendet ganz blind
Auf dass ich eine Stelle find

Global Sourcing

Wir sind Global
Es ist fatal

Kaufen aus aller Welt
Von überall wird bestellt

Wir sind Global
Auch unser Stahl

Strategisch richtig
Logistik wird wichtig

Wir sind Global
Haben keine Wahl

Der Markt hat seine Tendenzen
und kennt keine Grenzen

Wir sind Global
mit unserem Material

Mit jedem transportierten Meter
stirbt die Erde eher früher als später.

Brainstorming

Nur miteinander ist man stark
mit unterschiedlichen Perspektiven

Nur miteinander kommt man voran
durch den Austausch sieht man mehr

Ideen werden gefunden
um Neues zu erkunden

Je kühner und phantasievoller
umso genialer und toller

Ziele werden formuliert
Lösungen kreiert

Nur miteinander hat man Erfolg
durch die Reflektion der Unterschiede

Nur miteinander erreicht man ein Ziel
durch offene Kommunikation

The Democratic Capitalism

The capital is crying for democracy
based on money, we are free
the possibilities are all the same
making business just a game
Of course, rules were laid down
and are changing, let this be known
Social economy and compliance
a need in our businesswise existence
Rousseau proclaimed back to nature
to find a self-composure
Plato defined a state
were wise ideas cooperate
Communism failed to function
and found the final junction
capitalism survived in this battle
and is not just a money prattle
free market for a decent society,
combined with earnest sobriety

Time will show

Club of Rome

Zwei weise Köpfe mit Verstand
reichten sich die Hand
Der eine von der Naturwissenschaft
der andere aus der Betriebswissenschaft
Beide große Denker
und ehrenwerte Lenker
Sie begriffen die Zeit
So kam Nachhaltigkeit
als neue Zukunftswelle
an erster Stelle.
Kurzfristiges streben wandeln
und mit langfristiges Handeln
uns als Spezies die Chance geben
auch noch in Jahrtausenden zu leben,
Monsanto zu verbannen
und alle Tyrannen
psychologisch betreuen
auf dass sie bereuen.
Für die Nachwelt schaffen
mit den Wunderwaffen
der Humanität
Es ist nie zu spät
große Zusammenhänge zu entdecken
und Bewusstsein zu erwecken.

Brady-Plan

Überwindung der internationalen Schuldenkrise
durch Minimierung der Zahlungen
so heißt die globale Devise
die ganzen Finanzierungen
die der IWF gegeben hat
nicht für die Zinsen zu verwenden
so von Brady der Rat
um die Schuldigkeit zu beenden.

Denn wenn man in Schulden ertrinkt
Und so in Desperation versinkt
Ist niemanden geholfen

Freiwilliger Verzicht
der Kreditgeber Pflicht

Banken die kleinen Diebesbanden
haben es nicht verstanden

Business Angel

Wir geben Kapital
unterstützen Innovationen
fördern die richtige Wahl
zu neuen Visionen

Am Anfang der Finanzierungskette
beraten wir junge Unternehmen
offenbaren eine andere Facette
die es gilt wahrzunehmen

Es macht Spaß zu bewegen
Ideen umzusetzen und zu produzieren
geradezu wie ein Geldregen
um was ganz Besonderes zu kreieren

Kartell

Wir sitzen beisammen
und schließen uns zusammen
machen Preise wie wir wollen
und schöpfen aus den Vollen

Wir beherrschen das Marktgeschehen
Heutzutage zwar ein Vergehen
aber man darf sich nicht erwischen lassen
sonst muss man Federn lassen

So gibt und gab es derer viele
und verfolgten alle ihre Ziele

Zementkartell
Bierkartell
Aufzugs- und Fahrtreppenkartell
Reissverschlusskartell
Kaffeekartell
Feuerwehrfahrzeuge-Kartell
Hydrantenkartell
Zucker-Kartell
Wachskartell
Matratzenkartell
Luftfrachtkartell

So flogen die meisten auf
und zahlen am Ende drauf.

Day Prison

Mangel an Stolz und Zufriedenheit
macht sich in der Firma breit

Minimale Anerkennung
und Fehlen von Herausforderung

Keine faire Behandlung im Unternehmen
Warum sollte man da mehr unternehmen

Viele streben nur nach Macht
da kommt das Gefühl der Ohnmacht

Werte wie Teamwork und Vertrauen
kann man nicht mehr bauen

Vielfalt zu würdigen und zu praktizieren
und nicht den Tunnelblick zu produzieren

Möglichkeiten für eigene Entwicklung
wäre mal eine Empfehlung

Wo ist da Sinn
und der innere Gewinn

Lagebericht

Das Geschäftsjahr ist abgelaufen
Wie ist es in der Vergangenheit verlaufen?
Absatz- und Personallage
kommen hier zu tage

Indikatoren zur Kundenzufriedenheit
Energieverbrauch und Umweltangelegenheit
Die gesellschaftliche Reputation
und die Zukunftsvision

Alles für den Kunden und die Investoren
die üblichen Leistungsfaktoren
Ein Blick hinter die Bilanz
als Vermittlungsinstanz

Durch all die Zahlen
kann man ein schönes Bild malen,
außen hui
und innen pfui

Factoring

Bei den Babyloniern und Fuggern schon in Mode
Forderungen werden übertragen
Die anderen, die dann dem Geld nachjagen

Beim echten Factoring verkürzen sie die Bilanz
um Forderungen und Verbindlichkeiten
und erhöht die Zahlungsmöglichkeiten

Beim unechten Factoring ist es eine Vorfinanzierung
und unterliegt einem etwaigen Abtretungsverbot
aber man sitzt halt lieber im Liquiditätsboot

Letztlich spart man sich die Zeit
dem Schuldnerhaufen
hinterher zu laufen

Friedman-Plan

Er ist an Voraussetzungen gebunden
und eng mit Geld verbunden.
Die realen Expansionsmöglichkeiten
müssen die Wirtschaft mit Prognosen begleiten
und die Umlaufsgeschwindigkeit der Moneten
müssen konstant sein wie die Planeten

Aber ob der Plan dann funktioniert
und die Notenbank das Vermögen diktiert
das ist schwer zu sagen
sicher nicht in allen Lagen.

Quellensteuer

Es entspringt der Quelle
ganz auf die Schnelle
eine schöne Steuer
oh je das wird teuer

Interkulturelles Management

Grenzüberschreitenden Unternehmenstätigkeiten
zeigen wie unterschiedlich die Kulturen
Wertevorstellungen und kultureller Besonderheiten
der diversen Unternehmensstrukturen

So gibt es Kulturdimensionen
wie Kollektivismus versus Individualität
oder Maskulinität versus Femininität
und weitere drei Dimensionen

Es bedarf bei der interkulturellen Kommunikation
so was wie emotionale Intelligenz
eine große Offenheit und Transparenz
und allgemeinen Grundspezifikation

Dann andere Länder andere Sitten
Doch mit Toleranz und dem verstehen wollen
Es heißt miteinander und nicht schmollen
und ein zueinander mit großen Schritten

Johari-Fenster

Vier kleine Fenster tuen sich auf
Vier kleine Fenster im Kommunikationsablauf

Ich sehe was öffentlich zugänglich
Du siehst was öffentlich zugänglich

Ich kann dir nicht alles zeigen
Du kannst mir nicht alles zeigen

Ich habe den blinden Fleck
Du hast den blinden Fleck

Ich und du haben Unbekanntes
Ich und du haben unenthülltes Terrain

Ich habe gehört du hast verstanden
Du hast gehört ich habe verstanden

Wir reden erklären geben preis
Wir teilen uns alles mit

Quantitätstheorie des Geldes

Die Umlaufgeschwindigkeit ist konstant
das liegt ja auf der Hand
und nur das Geldangebot
tut hier wirklich Not

Die eine Frage die sich stellt
Ist die Wirkung von Geld
Je höher die Geldproduktion
so höher auch die Inflation

Irving Fisher hat es auch gezeigt
mit der Umlaufgeschwindigkeit,
die das Preisniveau bestimmen kann
und den neuen Wirtschaftsrun

Und wie es hier letztlich verhält
in dieser Menschenwelt
kann man nur wage sagen
mit all den Geldanlagen.

Shareholder Value

Jedes Unternehmen hat seinen Wert
anhand des Eigenkapitals gemessen
die Profitabilität mal schnell vermehrt
und vielerlei Cashflow wird besessen.

Der Aktionär steht im Vordergrund
und manche Unternehmensentscheidungen
sehen nur den reinen Dollar Befund
und nicht die menschlichen Beteiligungen

Manches unternehmenstechnisch nicht vertretbar
Der Anteilseigner hat zu viel Gewicht
und somit ist es ja auch ganz klar
hier steht der Manager in der Pflicht.

Stakeholderanalyse

Sämtlicher für das Projekt relevanter Akteure
unter ihnen Verlierer und Profiteure
müssen alle zuerst mal festgestellt werden

Alle haben ja ein anderes Ziel
Oft das übliche Business Spiel
Aber hier geht es um das Projekt

So durchleuchtet man jede Personengruppe
und macht daraus ne Sondertruppe
um die Blockierer einzufangen

Einflussgrößen werden evaluiert
und auf das Projekt projiziert
um dann die richtigen Wege zu gehen.

Eine Stakeholder-Map wird erarbeitet
Daten systematisch aufbereitet
und immer wieder modifiziert

Und die Akteure treiben immerfort
ihren eigenen Blockierer-Sport
  ☺

Personalwesen

Aushang von innerbetrieblichen Stellenausschreibungen
Entgegennahme und Weiterleitung von
Bewerbungsunterlagen

Abwicklung des Eintritts und Terminierung der
Einarbeitung
Expatriate Management bei Aussendung

Ermittlung von Brutto- und entgelten
Aktionen in den Lohnsteuerwelten

Aufzeigen von Arbeitsschutz und Information
Aktiver Wegbereiter für Kommunikation

Sammlung von Fortbildungsangeboten
Umschulungen werden angeboten

Abwicklung von Kurzarbeit und Kündigungen
Oder Abwicklung von Versetzungen

Und das wichtigste den Mitarbeiter zu unterstützen
Und seine Individualität zu schützen

Soziale Markwirtschaft

Basierende auf dem Konzept des Ordoliberalismus
Hat es nichts zu tun mit dem Sozialismus
Nein es will die Freiheit auf dem Markt finden
Und mit dem sozialen Ausgleich verbinden

Notwendigkeit der staatlichen Intervention
zur Schaffung sozialen Vision
Anpassung an neue Herausforderungen
und ständigen Weiterentwicklungen

Je freier die Wirtschaft, um so sozialer ist sie auch
verpuffte sich Zunehmens in Schall und Rauch
soziale Systeme werden ausgenutzt
und für sein eigenes Wohlempfinden genutzt

Die industrielle Revolution hat vieles möglich gemacht
das Computerzeitalter einiges hinzu erdacht
Eine funktionsfähige und menschenwürdige Ordnung
mit einer selbstständigen Verantwortung

Supply Chain Management

Der Dominoeffekt über alle Geschäftsfunktionen
Lieferketten werden miteinander verbunden
Von der Produktion bis hin zum Kunden

Wettbewerbsfähiger sein als andere Wettbewerber
Die Wertschöpfungskette perfekt gestalten
Und sich an effiziente Prozesse halten

Performance Management und Measurement Systeme
Anreize schaffen mit enormer Exzellenz
und systemweite Informationstransparenz

Bewältigung von Komplexität und Variantenvielfalt
durch einen ganzheitlichen Blick
das ist der ganze Trick

Digitalisierung

Alles wird digital
Ist ja ganz normal

Digitalisierung der Produktionstechnik
Digitalisierung von Verkehr und Logistik
Digitalisierung von Audiodaten
Digitalisierung im Gesundheitswesen
Digitalisierung von Texten
Digitalisierung von Bildern
Digitalisierung von Druckfilmen
Digitalisierung in der Messtechnik
Digitalisierung von archäologischen Objekten

Schnellere Verarbeitung
Schnellere Verteilung
Schnellere Vervielfältigung

Der digitale Mensch ist transparent
Auf das er sich selbst erkennt

Disruption

Die bestehenden Geschäftsmodelle,
Hinweg mit ihnen, auf der Stelle.

Revolutionär Denken
und die Zukunft lenken.

Komplett umstrukturieren
und experimentieren.

Zerschlagen von Altem
Frei schalten und walten.

Für kleine Unternehmen perfekt
oft einen grandiosen Effekt.

Hohe Risiken eingehen
und den Markt mit Neuem versehen.

Konjunktur

Ein auf, ein ab - das hält auf trab

Aufschwungsphase
die Expansion
hier und da ne Vision
Prosperität
und viel Aktivität.

Hochkonjunktur
der Boom schlechthin
weiter immer ein Gewinn
Wirtschaft voll ausgelastet
Was die Welt wohl kostet.

Abschwungsphase
Jetzt kommt die Flaute
und die Klagelaute
ein Fall ins Ungewisse
der Rezessionskulisse.

Tiefphase
die Wirtschaftskrise
die ganz Fiese
nichts mehr hat wert
das Leben wird erschwert.

Ein auf, ein ab - das hält auf trab.

Subsidiaritätsprinzip

Maxim der Selbstbestimmung,
und Eigenverantwortung,
um die Fähigkeiten zu entfalten
und individuell zu walten.

Hilfe zur Selbsthilfe der Grundsatz.
Jeder einzelne ein Schatz.
Aufgaben werden vom Einzelnen wahrgenommen,
um den Hierarchien zu entkommen.

Ein wichtiges Konzept überall
im Staat und im Wirtschaftsstall.
Macht zur Selbstkontrolle
spielt eine wichtige Rolle.

Mediatoren Gespräch

Konstruktive Beilegung von Konflikten
mit Eigenverantwortung und Offenheit
und humanistischen Effekten
ohne unnötige Streitigkeit.

Vorschläge werden konstruiert
Miteinander kommuniziert
Lösungsvorschläge werden gemacht
Friedensangebote in der Schlacht

Das Harvard-Konzept wird angewandt
und es liegt ja auf der Hand,
dass jede Konflikteskalation
vermieden werden muss mit Diskretion

Nur durch eine Konsens-Findung
kann eine Verhandlung
für alle einen Mehrwert bringen
und den Zwist verschlingen.

Synergien

Das Ganze ist mehr als die Summe seiner Teile
und jedes Teil für sich ein Ganzes

Skaleneffekte
Verbundeffekte
Nutzeffekte

Win-Win-Situationen schaffen
mit gemeinschaftlichen Waffen
Know-how miteinander verbinden
Gemeinsam einen Weg finden

Kollaborieren
Kooperieren
Kommunizieren

Das Ganze ist mehr als die Summe seiner Teile
und jedes Teil für sich ein Ganzes

Unternehmensführung

Strategien werden entwickelt
Zukunftsvisionen geplant
Prozesse sind miteinander verzahnt
und neue aufgestellt

Der Mitarbeiter steht im Vordergrund
Konzepte mit ihm gestaltet
wie ein familiärer Verbund
in der man sich als Individuum entfaltet

Bei Corporate Governance steht
der Aktionär an erster Stelle
worum es hier im Wesentlichen geht
ist die Gewinn/Verlust-Tabelle

Führung ein verantwortlicher Job
Integrität und Weitblick ganz richtig
Ein steter visionärer Workshop
Gute Entscheidungen sehr wichtig

Steuerhinterziehung

Man darf sich nicht erwischen lassen
in den Hinterhofgassen,
denn es wird oft zum Verhängnis
und die Strafe kommt ganz gewiss.

Enron ein gutes Beispiel
bei denen war es fast wie ein Spiel.
Hier und da Tochtergesellschaften,
die das Geld außer Land schaffen.

Fünf Jahr muss man unsichtbar sein
und der ganze Trug und Schein
dem wird nicht mehr nachgegangen
ist die Schuld vergangen.

Agiles Projektmanagement

Individuen und Interaktionen mehr als Prozesse und
Werkzeuge
sind für gute Projekte der Zeuge

Funktionierende Software mehr als umfassende
Dokumentation,
denn zu viel Daten beinhaltet Kontraproduktion

Zusammenarbeit mit dem Kunden mehr als
Vertragsverhandlung,
um nicht zu starr zu sein, ein Muss für jeden Wandel

Reagieren auf Veränderung mehr als das Befolgen vom
Plan,
denn alles andere wäre der volle Wahn.

Frühe und kontinuierliche Auslieferung von wertvoller
Information
Prozesse verändern für jede neue Vision

Tägliche Zusammenarbeit von allen Stakeholdern und
den Mitgliedern
Sich ständig austauschen und sich gegenseitig was
erwidern

Bereitstellung des Umfeldes und der Unterstützung,
für jegliche erfolgreiche Aufgabenerfüllung

Von Angesicht zu Angesicht miteinander kommunizieren
und mit Offenheit die Zukunft kreieren

Einfachheit ist essenziell
und für Agil substanziell

Burnout

Die Flamme ist verbrannt
Und es liegt auf der Hand
Das der eigene Verstand
Nicht mehr auf dem Stand
Wie zu Anfang liegt
Der Elan versiegt
Und was hat gesiegt
Das Gefühl der Wirkungslosigkeit
und großer Distanziertheit
zu sich und der Umwelt

Expansion

Positive Einschätzungen der Wirtschaftssubjekte,
günstige Produktionsbedingungen und Aufschwung
das sind der Wirtschaft wichtige Objekte
und für den Freihandel eine wesentliche Bedingung.

Die stete Zunahme der Entfernung
weit voneinander entfernter Objekte im Raum
gemäß dem Urknall die Erklärung
als Ausdehnung in unserem Spielraum

Kolonialismus eine weitere Möglichkeit
mehr Länder wurden erobert über die Zeit
ganz gleich es ist alles eine Expansion
und eine unvorstellbare Dimension

Renewable energy

What's the hitch?
The earth is rich
We take with caution
And right proportion
Batteries will get more efficient
And almost self-sufficient
Wind or water are everywhere
And energy is in the air
The Croatian guy knew a lot
And J. P. Morgan was in the plot
Important things just disappeared
Yes, yes that's weird
But what was salt for a special day
Was money the new beauty clay
As humans are not stupid at all
They are clever and will install
An energy that lasts for a long time
Sure of course there will be crime
Without rascals and crooks
We will write just boring books
So time goes on and human sex
Will be sustainable and relax

Wachstumspolitik

Club of Rom hat's ja schon beschrieben
dass unendliches Wachstum nicht existiert
aber der Mensch ist ja getrieben
und nur produktionsorientiert

Smith wurde von Schumpeter abgelöst
und die Gleichgewichtsanalyse weicht dem
Strukturwandel
es geht nur noch um was man erlöst
und stehts um den wirtschaftlich-dynamischen Handel

Der BIP ganz hoch im Rennen
Produktionspotenzial im Vordergrund,
doch langsam sollte man erkennen
das Gleichgewicht der bessere Befund.

So werden wir unendlich reich
und immer erfolgreich
in jedem Bereich

Wohlstand

Mit dem Utilitarismus entstand der Begriff
während der Industrialisierung
Man wollte ein gemeinsames Schiff
mit subjektiver Nutzenschätzung

Jeder Einzelne soll ja genügend haben
und sich am Dasein laben.
Mit der sozialen Marktwirtschaft
wurde das soweit geschafft.

Verteilungsgerechtigkeit steht im Mittelpunkt
für die Gesellschaft insgesamt.
Bloß nicht übertriebener Pomp und Prunk,
denn Chancengleichheit ist im Amt.

SMART

Spezifisch auf den Punkt gebracht
In der Einfachheit liegt die Pracht

Messbar auf allen Seiten
Sinnvoll des Weges schreiten

Attraktiv für den Kunden
Akzeptabel miteinander verbunden

Realistisch und auch machbar
Relevant das ist ja klar

Terminiert und zeitlich festgelegt
Und alles gut gepflegt

Europäische Union

Bei allen Mitgliedsstaaten
gibt es die Grenzen nicht.
Man muss nicht warten
und hat grünes Licht.

Man ist frei und kann überall arbeiten,
wenn man die Sprache spricht.
Man hat unendliche Möglichkeiten,
egal aus welcher Schicht.

Reformen werden unterstützt
Demokratie mit neuer Sicht.
Das Individuum geschützt
und jeder hat Gewicht.

Eine Union des Friedens
mit guter Übersicht,
des miteinander Redens
mit großer Sorgfaltspflicht.

New Work

Selbstständigkeit, Freiheit
und Handlungsfreiheit
Arbeit, die man wirklich gerne macht
bei der die Seele lacht

Eigenen Wünschen folgen
Wachsen mit den eigenen Erfolgen
Begabungen leben
und nach Glückseligkeit streben

Innovationen

Umsetzung neuer Unternehmensstrategien
Ideen, neue Visionen, andere Technologien.

Chancenstrategie
Chancenmanagement
Chancenidentifikation
Chancenanalyse
Chancenbewertung
Chancensteuerung
Chancennutzung

Erneuerung durch Kreativität
Erfindungen mit genialer Aktivität

Risikoanalyse
Ergebnisanalyse
Kostenanalyse
Nutzenanalyse
Stakeholder Analyse
Matrixanalyse
Erfolgsanalyse

Umsetzung anderer Ideologien
Vorstellungen und neue Energien

Korruption

Sobald Korruption auftritt
geht man den ersten Schritt
in Richtung Negativität
und weg von Qualität.

Ein Einzelner sucht seinen Vorteil
für die Gemeinschaft zum Nachteil.

Sobald jemand bestechlich ist
haben wir den Mist.
Gewissen verliert sich recht schnell
und leider oft reell.

Ein Einzelner sucht seinen Vorteil
für die Gemeinschaft zum Nachteil.

Ob Südamerika, Afrika oder Russland
oder in Asien so manches Land,
es ist eine Krankheit ohne Grenzen
und gefährdet damit Existenzen.

Ein Einzelner sucht seinen Vorteil
für die Gemeinschaft zum Nachteil.

Ob der kleine Mann oder der Minister
jeder zieht seine eigenen Register,
und bereichert nur seinen engsten Raum
und zerstört den humanitären Traum.

Ein Einzelner sucht seinen Vorteil
für die Gemeinschaft zum Nachteil.

Nun man möge es mir verwehren,
aber ich möchte mich hier beschweren.
Manche Bande ist manchmal nun mal da
und ist wichtiger, das ist wohl kla'.

Leistungszwang

Grotesk, und abnormal
Das ist ja ein Jammertal
Und warum verdammt nochmal
Leistung ist doch keine Qual
Spaß daran haben
Erkenne deine Gaben
Bloß keinen Zwang
Ich verspüre einen Drang
Und lausche dem Klang
Dem Aktionsgesang

Agrarwirtschaft

Vieles wird kultiviert
ist aber kein wirklicher Ausweg
Nahrung wird produziert
Perma Kultur der beste Weg

Ob extensive oder intensive Landwirtschaft
die Natur ist auch ein Lebewesen
und sie ist es, die uns gibt die Kraft,
denn wir leben auf ihre Spesen.

Elinor Ostrom hat es ja schon gemeint
keine Massenproduktion auf der Welt,
da sonst die Mutter-Erde bitterlich weint
und Energie ist nicht zu kaufen mit Geld.

Und für alles eine Grundursache,
der Mensch ja nicht dumm.
So ist Demeter auch ne gute Sache
im Einklang mit dem Universum.

Ursache-Wirkungs-Diagramm

Vom japanischen Wissenschaftler Kaoru Ishikawa
entwickelt
und später auch nach ihm benannt
wird es heutzutage oft angewandt.

Zur Analyse von Qualitätsproblemen und deren Output
Als vielseitiges Teamwork und in guter Gruppenarbeit
Zusammenhänge erkennen und deren Abhängigkeit.

Auch mit der 8M-Methode
Der Mensch, ein wichtiger Faktor
Die Maschine als Instandhaltungsregulator

Material, Methode und das Management,
wie sie mit der Mitwelt interagieren
und Money messbar produzieren.

Jede Ursache hat eine Wirkung.
Wie der Fisch seine Gräten hat
und außen ganz glatt.

Klimapolitik

Klima ist wichtig geworden
bei den ganzen Menschenhorden
die nach immer mehr streben
und sich dadurch einiges vergeben.

Senkung der Treibhausgasemissionen
das sind die lebensnotwendigen Missionen
Steigerung der Energieeffizienz
mit erneuerbaren Energiepräsenz

Sich vor sich selbst schützen
und der Umwelt nützen
an die Nachwelt denken
und mit Weitsicht lenken.

Es gibt ja schon den Klimawandel
mit all dem unerbittlichen Handel
Aktive Veränderung muss es geben
bei jedem einzelnen Leben.

Aber die Politik hat hier den Hut auf
und bestimmt hier den Klimalauf
Es liegt an der menschlichen Intelligenz
und einer weltweiten Transparenz

Marktforschung

Erkennen von Chancen und Trends
auf den relevanten Märkten
und dies übrigens
mit allen Stärken
wie Aktualität
und Objektivität
einer Präzision
mit relevanter Mission

Und was steht an erster Stelle
die aktive Kundenwelle

Kundensegmente
Kundenverhalten
Kundenbedürfnisse
Kundenzufriedenheit
Kundenloyalität

Wie wirken die Werbemittel
und der Unternehmenskittel

Inhaltsverzeichnis

FSC
www.fsc.org
MIX
Papier | Fördert
gute Waldnutzung
FSC® C083411

Zeitfracht Medien GmbH
Ferdinand-Jühlke-Straße 7
99095 Erfurt, Deutschland
produktsicherheit@kolibri360.de